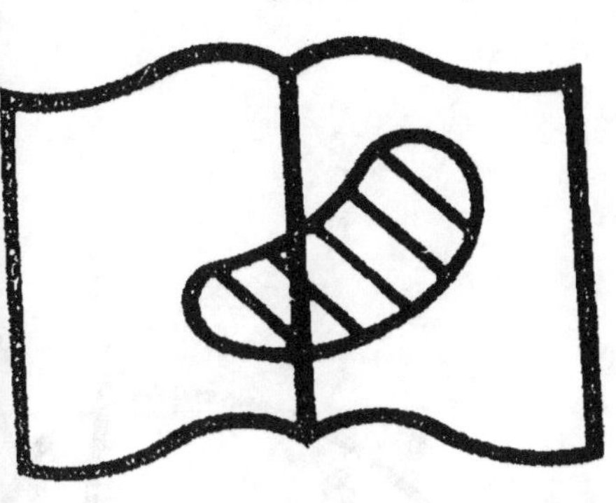

Illisibilité partielle

Contraste insuffisant
NF Z 43-120-14

Valable pour tout ou partie
du document reproduit

Couvertures supérieure et inférieure
en couleur

Original en couleur

NF Z 43-120-8

LE
PAPE ÉTIENNE X

PAR

Ulysse ROBERT

(Extrait de la *Revue des questions historiques.*)

PARIS

LIBRAIRIE DE VICTOR PALMÉ, ÉDITEUR

Rue de Grenelle-Saint-Germain, 25

1876

LE PAPE ÉTIENNE X

LE
PAPE ÉTIENNE X

PAR

Ulysse ROBERT

(Extrait de la *Revue des questions historiques.*)

PARIS

LIBRAIRIE DE VICTOR PALMÉ, ÉDITEUR

Rue de Grenelle-Saint-Germain, 25

1876

LE PAPE ÉTIENNE X

Parmi les papes qui ont régné entre Léon IX et Grégoire VII, Étienne X est demeuré le plus obscur. Son pontificat a été peu étudié, même par ceux qui se sont le plus occupés de l'histoire des papes et de l'histoire générale de l'Église. La seule biographie de quelque étendue qui lui ait été consacrée, il la doit uniquement à son origine. Il était Lorrain : c'est pour cela que Höffler lui a donné une place dans son ouvrage sur les papes allemands [1]. La notice de Höffler est consciencieusement faite et composée d'après les documents de première main. Il n'y aurait donc pas grand intérêt à revenir après lui sur la vie d'Étienne, s'il ne s'agissait de mettre en lumière un fait important pour l'histoire de la querelle des investitures : à savoir, le rôle que ce pape y a joué. Ce fait paraît avoir échappé à tous ceux qui, dans ces derniers temps, ont eu à traiter la question des investitures, parce que peu d'historiens anciens l'ont rapporté, ou, s'il a été connu de quelques-uns d'entre eux, le silence des contemporains d'Étienne sur ce point aura pu le leur faire rejeter. Mais ce silence même ne suffit pas pour infirmer les témoignages sur lesquels s'appuie ce fait, car Grégoire VII a tellement attiré sur lui l'attention de son époque, il a tellement personnifié en quelque sorte la querelle des investitures, que, dans cette lutte, le rôle des autres papes, à l'exception de Calixte II, est tout à fait effacé. Quant aux témoignages invoqués ici, ils sont empruntés à des chroniques manuscrites, d'origine diverse, qui paraissent dignes de foi, et à des auteurs dont les ouvrages sont considérés,

[1] *Die deutschen Päpste*, II^te Abtheilung, pp. 269-284.

après les anciennes chroniques, comme les principales sources de l'histoire ecclésiastique. Exposer dans une courte biographie ce point d'histoire, avec la réserve qu'il convient d'apporter en pareille matière, tel est l'objet du présent travail [1].

I

Celui qui devait être plus tard le pape Étienne X était fils de Gothelon ou Gozelon, duc de Lorraine, et de Junca, fille de Bérenger II, dernier roi d'Italie [2]. Il se nommait Junien Frédéric [3]. Il eut deux frères, Godefroi le Roux et Gothelon [4].

L'époque de la naissance de Frédéric est inconnue, mais on peut en toute certitude la placer vers le commencement du xie siècle. Les chroniques ne nous fournissent non plus aucun

[1] Les opinions sont partagées sur la question de savoir si le pape dont nous nous occupons doit être appelé Étienne IX ou Étienne X. Dans les anciens catalogues des papes et dans les ouvrages d'histoire ecclésiastique, on trouve l'une et l'autre dénomination. Ceux qui adoptent la première, ne reconnaissent pas comme pape Étienne, le successeur de Zacharie (✝ 752), parce qu'il mourut trois ou quatre jours après son élection, sans avoir été sacré ; ceux qui se rangent à l'autre opinion, pensent que la consécration n'est pas nécessaire, mais que l'élection canonique suffit pour que l'élu puisse faire acte d'autorité pontificale. Ce qui semble donner raison, au moins en fait, à cette opinion, c'est que plusieurs papes élus et consacrés à des intervalles plus ou moins longs, ont donné des bulles ou compté les années de leur pontificat à partir du jour de leur élection, tels sont Calixte II, Grégoire X, Honorius IV, etc. (Voir *Étude sur les actes du pape Calixte II*, p. 43, et Potthast, *Regesta Pontificum Rommnorum*, pp. 1652-1653 et 1795-1797.) La validité de l'élection d'Étienne n'étant contestée par personne, il semble qu'il doive être compté au nombre des papes, ce qui justifierait la dénomination d'Étienne X donnée à notre pape.

[2] *Recueil des historiens de France*, t. XI, p. 301, aux notes. — D. Calmet, *Histoire ecclésiastique et civile de Lorraine*, t. I, col. 1093. — *L'art de vérifier les dates*, nouv. éd., t. XIV, p. 81, ne donne pas le nom de la mère de Frédéric; il n'y est pas fait davantage mention de Junca à l'article consacré à Bérenger II, t. VII, pp. 292 et 293.

[3] Frédéric n'est généralement désigné par les historiens, même contemporains, que sous ce seul prénom. Il est appelé Junien dans son épitaphe, qui sera rapportée plus loin. — Voyez aussi le *Bullarium* de Cocquelines, t. I, p. 395. — Nous ferons observer en passant que ce Bullaire contient une bulle d'Étienne qui n'est pas dans Jaffé. C'est un privilège pour le monastère de Toile, au diocèse de Plaisance. Il est du mois d'octobre.

[4] Godefroi succéda à son père dans le gouvernement de la Lorraine et joua un rôle politique important. Comme sa fortune fut, dans certaines circonstances, liée à celle de Frédéric, il sera, plus d'une fois, question de lui dans le cours de ce travail.

renseignement sur les premières années de sa vie ; car sa
carrière a été très-courte, et, en dehors des grands événements auxquels il prit une part plus ou moins active, il n'a
guère attiré l'attention des historiens. Tout ce que nous
savons de son enfance et de sa jeunesse, c'est qu'il fut élevé
et instruit à l'école de Saint-Lambert de Liége [1], où il acquit
les connaissances que Léon d'Ostie louait en lui [2].

Ses études terminées, il devint clerc, et ses talents autant
que sa naissance lui méritèrent la dignité de chanoine de
l'église de Saint-Lambert. Le P. Foullon, sans appuyer son
assertion d'aucune preuve, dit que Frédéric fut chanoine de
l'église Saint-Alban de Namur [3], mais il est sans doute préférable d'admettre qu'il ne quitta pas Liége jusqu'au moment où
le pape Léon IX l'attacha à sa personne, car il était alors archidiacre de Saint-Lambert [4].

Ce fut pendant un de ses voyages en Allemagne, et peutêtre en passant par Liége, que Léon IX emmena avec lui
Frédéric. Si les chroniqueurs sont d'accord sur le premier
point, ils diffèrent sur la date. Laurent de Liége prétend que
ce fut en 1049, après le concile de Reims et la consécration
de l'église Saint-Remi, par conséquent au mois d'octobre ou
au mois de novembre de cette année [5]. Lambert d'Aschafnaburg donne une autre date, celle de 1051, mais il ajoute que
ce fut après l'entrevue du pape et de l'empereur à Worms [6].
Il se trompe sur l'époque de l'entrevue de Worms, car il est

[1] Sur les écoles de Liége, au commencement du xie siècle, voir l'intéressant
article de l'*Histoire littéraire de la France*, t. VIII, pp. 6, 7, etc.

[2] « Qui ex regali progenie ducens originem, a puero liberalibus litterarum
studiis eruditus. » *Chronicon monasterii Casinensis*, dans Muratori, *Rerum
italicarum scriptores*, t. IV, p. 408, et dans Pertz, *Monumenta Germaniæ
historica, scriptores*, t. VII, p. 692. — « Liberalibus disciplinis a puero instructus et ecclesiasticis obsequiis traditus. » Ciaconius, *Vitæ pontificum Romanorum*, t. I, col. 809. — « In ecclesia namque sanctæ Mariæ sanctique Lamberti æducatus a puero, etc. » Chapeauville, *Gesta pontificum Tungrensium,
Trajectensium et Leodiensium*, t. II, p. 26.

[3] *Historia Leodiensis*, t. I, p. 235.

[4] Laurent de Liége, *Historia episcoporum Virdunensium*, dans le *Recueil
des historiens de France*, t. XI, p. 250, et Lambert d'Aschafnaburg, *De rebus
gestis Germanorum*, p. 60, et dans Pertz, t. V, p. 155.

[5] *Loc. laud.* «... Veniensque (Leo IX) Leodium Fredericum, fratrem ducis
Godefridi, archidiaconum S. Lamberti, inde secum duxit. » — Voy. aussi
Foullon, *Hist. Leod.*, t. I, p. 237.

[6] « Imperator nativitatem Domini Wormaciæ celebravit, ubi Leo papa et
valefaciens, mediocriter compositis et causis ecclesiasticis et regni negociis,

prouvé qu'elle eut lieu en 1052 [1], mais il est probablement dans le vrai en fixant à l'année 1051 le départ de Frédéric. Voici ce qui semble donner raison à Lambert. Le pape créa Frédéric diacre, ou, comme le dit Sigebert de Gembloux [2], septième lévite, bibliothécaire et chancelier. Il succéda dans cette charge à Udon, primicier de l'église de Toul, que Léon ordonna évêque à sa place en 1051. Le dernier acte expédié par Udon, en qualité de chancelier, est un privilége pour l'église Saint-Maximin de Trèves, du 16 janvier 1051, et le premier acte donné par Frédéric, en la même qualité, est du 12 mars suivant. Antérieurement à cette époque, on ne le voit figurer dans aucun document émané de la chancellerie pontificale ; à part Laurent de Liége et, après lui, le P. Foullon, les historiens ne disent pas qu'il ait, avant ce temps, fait partie de la suite du pape ; ils ne nous le montrent même pas accompagnant son frère Godefroi, qui venait de se réconcilier, par l'entremise du pape, avec l'empereur Henri III, après le synode de Mayence (19 octobre 1049). On peut donc accepter comme date du départ de Frédéric la fin de l'année 1050 ou le commencement de 1051, lors du second voyage de Léon IX en France et en Allemagne.

A la cour des papes, la principale attribution au chancelier était de dater les bulles. Pour beaucoup de ceux qui en étaient investis, cette charge était purement administrative, mais pour Frédéric elle devait être une école où il se forma aux fonctions qu'il était plus tard destiné à remplir. En sa qualité de chancelier, il accompagnait le pape partout où il allait. Il serait, par conséquent, facile de tracer son itinéraire, si les bulles qu'il a expédiées avaient toutes la date de lieu, mais peu d'entre elles fournissent cette précieuse indication ; il faut donc, la plupart du temps, avoir recours aux conjectures. Que Frédéric ait été avec Léon IX en Italie, en 1051 et en 1053, et en Allemagne, en 1052, cela n'est pas douteux, car on sait de source certaine que, le 20 mai 1052, Frédéric était à San-

Romam reversus est, abducens secum Godefridum ducem et fratrem ejus Fridericum, qui Gebehardo postmodum in sedem apostolicam successit. » etc. *Recueil des historiens de France*, t. XI, p. 60, et dans Pertz, t. V, p. 155.

[1] *Annales Augustani*, dans Pertz, t. III, p. 126. — *Ekkehardi chronicon universale. Ibid.*, t. VI, p. 196.

[2] *Recueil des historiens de France*, t. XI, p. 165, et Pertz, t. V, p. 360.

Germano, d'où il datait un privilége pour l'abbé du Mont-
Cassin [1], et, le 1er juin suivant, à Bénévent. Là, il fut le témoin
des maux qui désolaient la basse Italie et des efforts que fit
alors le pape pour y rétablir la paix et y affermir l'autorité de
Rome. Après avoir été, aux mois de septembre et d'octobre,
en Hongrie, quand Léon IX tenta de réconcilier l'empereur
Henri III et le roi André, il vint à Bamberg. Le 18 octobre, il
expédia de cette ville la bulle qui accordait le pallium à Léopold, archevêque de Mayence. Eccard [2] nous apprend que le
pape ordonna à Frédéric de lire à haute voix les priviléges de
l'église de Bamberg, en présence de l'empereur et du peuple ;
après quoi, il les confirma. Le 6 novembre, il était à Tribur ;
le 10 juin 1059, à Sala, ville de la Principauté ultérieure,
avec Humbert, évêque de Silva Candida, Pierre, archevêque
d'Amalfi, et d'autres prélats et seigneurs qui accompagnaient
Léon IX dans son expédition contre les Normands [3]. Il assista
sans doute aussi à la déroute de l'armée pontificale à Civitella [4].

[1] Gattula, *Historia abbatiæ Casinensis*, t. I, p. 118.
[2] *Chronicon universale*, dans Pertz, t. VI, p. 96. « Indeque Babenberg cum
imperatore transiens (Leo IX) privilegia ejusdem loci a cancellario suo Frede-
rico, qui sibi postea successit, perspici et coram imperatore populoque pro-
nunciari mandavit suaque auctoritate confirmavit. »
[3] Muratori, t. I, ii, p. 513.
[4] Dans les bulles qu'il a datées, Frédéric prend la qualité de diacre, bibliothécaire et chancelier ; sous le pontificat de Victor II, il prend le titre de
chancelier de la Sainte Église Romaine. Ces bulles sont au nombre de vingt-
neuf, dont vingt-huit ont été écrites sous le pontificat de Léon IX et l'autre
sous celui de Victor II. Elles ont toutes de nombreux points de ressemblance.
Ce sont des priviléges, c'est-à-dire des confirmations de droits ou de biens
faites aux églises et aux monastères. En voici l'indication sommaire par ordre
chronologique :
1051. 12 mars. Privilége pour les chanoines de Lucques.
       22 juin, pour la Trinité de Peschiera.
       22 juillet, pour l'église métropolitaine de Salerne.
       16 octobre, pour le monastère N. D. dans l'île de Gorgone.
       31 octobre, pour le monastère de Subiaco.
       11 décembre, pour le monastère de N. D. de Farfa.
1052. 3 février. Privilége pour les clercs de S. Martin de Lucques.
       9 mars, pour le monastère S. Pierre de Pérouse.
       18 mars, pour le monastère N. D. de Pomposia.
       2 mai, pour le monastère de la Chaise-Dieu.
       7 mai. Deux priviléges en faveur de Hermann, archevêque de Cologne.
       7 mai. Privilége pour le monastère d'Altorf.
       20 mai. Restitution de l'église et du monastère de S. Étienne, près Ter-
              racine, à Richer, abbé du Mont-Cassin.
       21 mai. Privilége pour Sainte-Sophie de Bénévent.
       1er juillet, pour l'église d'Ascoli.

Léon IX, affligé des ravages causés en Orient par le schisme de Michel Cérulaire [1], songeait aux moyens d'y remédier, quand l'empereur Constantin Monomaque, dans un but qu'il y a tout lieu de croire politique, et le patriarche de Constantinople lui proposèrent de faire la paix avec Rome. Il accepta cette offre avec empressement et délégua à Constantinople Frédéric, Humbert, évêque de Silva Candida, et Pierre, archevêque d'Amalfi, pour traiter de la réunion de l'Église grecque et de l'Église latine [2]. Les trois légats partirent de Bénévent, au mois de janvier 1054, et passèrent par le Mont-Cassin [3]. Ils étaient recommandés à la bienveillance de l'empereur, prié de les recevoir libéralement, de les traiter avec respect et de les écouter avec attention. L'objet de leur mission est indiqué dans les lettres adressées par le pape à Michel et à Constantin, lettres où percent, à la vérité, les préoccupations politiques, mais en même temps le désir sincère de la part de Léon IX de consommer l'union des deux Églises. Il félicite d'abord Constantin d'avoir fait les premières démarches en faveur de la paix ; il expose les services qu'il attend de lui ; puis il ajoute : « Vous n'ignorez pas que nous avons entendu dire bien des choses sur les prétentions de Cérulaire, entre autres qu'il persécute ouvertement l'Église latine, qu'il a frappé d'anathème tous ceux qui se servaient de pains azymes,

1052. 18 octobre. Privilége pour Léopold, archevêque de Mayence.
      6 novembre, pour l'église de Bamberg.
1053. 2 janvier. Concession du pallium à Hartwig, évêque de Bamberg.
      6 janvier. Privilége pour l'église de Hambourg et concession du pallium à l'archevêque Adalbert.
      13 mars. Privilége pour l'église d'Olivolo.
      21, 24 mars et 1er avril. Priviléges pour les chanoines de S. Pierre de Rome.
      29 mai. Privilége pour le Mont-Cassin.
      12 juillet, pour Ulric, archevêque de Bénévent.
      2 septembre, pour le monastère de la Trinité de Bari.
      21 décembre. Confirmation de l'élection de Dominique, évêque de Valve.
1055. 29 octobre. Confirmation des biens de l'église de Hambourg.
Toutes ces bulles sont indiquées par Jaffé, *Regesta Pontificum Romanorum*, p. 374 et suiv.

[1] Mgr Héfélé, *Histoire des Conciles*, traduite par l'abbé Delarc, t. VI, pp. 315 et suivantes, a très-bien exposé l'origine et les développements de ce schisme.

[2] Voigt, *Histoire du pape Grégoire VII*, p. 21, dit que Godefroi, frère de Frédéric, accompagnait les légats.

[3] Comme on le voit par la date de la lettre à Cérulaire, qui porte : *Mense januario, indict. VII.*

essayé de dépouiller de leurs antiques priviléges les patriarches d'Alexandrie et d'Antioche, et, au mépris de tous les droits. de les soumettre à sa juridiction. » Les mêmes griefs sont reproduits dans la lettre adressée à Cérulaire, mais ils sont exprimés sous une forme beaucoup plus violente, qui ne dut pas peu contribuer à rendre les négociations difficiles.

Le voyage des légats dura plus de quatre mois ; ils arrivèrent à Constantinople seulement au mois de juin. Ils furent reçus par Constantin avec tous les honneurs dus à leur rang. Mais la bienveillance que leur témoigna l'empereur ne suffît pas pour aplanir les difficultés de leur mission, car ils avaient à combattre de nombreuses erreurs. Les Grecs étaient accusés de simonie; on leur reprochait d'élever des eunuques aux honneurs de l'épiscopat, de donner de nouveau le baptême aux Latins déjà baptisés au nom de la sainte Trinité, de considérer l'Église grecque comme la seule orthodoxe, de lui attribuer la suprématie sur l'Église romaine, de permettre le mariage à leurs prêtres, de considérer la loi de Moïse comme une loi maudite, d'omettre, dans le symbole, la profession de foi au Saint-Esprit, de refuser le baptême aux femmes païennes et aux enfants qui mouraient âgés de moins de huit jours, et de refuser la communion aux femmes en couche. Ils appelaient les Latins azymites, les persécutaient, fermaient leurs temples, anathématisaient l'Église romaine dans ses enfants, etc. [1]

Au monastère de Studium, où les légats avaient fixé leur résidence [2], se trouvait un moine, nommé Nicétas Pectoratus, qui, dans un de ses écrits, avait attaqué les Latins avec violence [3]. Cet écrit avait été réfuté par le pape Léon et par Humbert; quelques-uns disent par Frédéric [4]. Mais voulant

---

[1] Sigebert de Gembloux, dans Pertz, t. VI, pp. 359 et 360. — Annalista saxo, *Ibid.*, p. 688. — Voyez aussi la sentence d'excommunication prononcée par les légats contre Michel Cérulaire, dans la *Patrologie* de Migne, t. CXLIII, col. 1002.

[2] Il est dit dans la *Chronique du Mont-Cassin*, Muratori, t. IV, p. 403. et Pertz, t. VII, p. 586, que l'empereur les retint dans son palais. «Quos imperator nimis honorabiliter suscepit et in palatio per aliquot dies retinuit. »

[3] Cet écrit est dans la *Patrologie* de Migne, t. CXLIII, col. 974. — La réfutation d'Humbert est dans le même volume, col. 983, et celle de Léon IX dans Mansi, *Concil.*, t. XIX, p. 696.

[4] Voyez l'*Histoire littéraire de la France*, t. VII, pp. 464, 483, 484, 535, 536 et 542.

discuter personnellement avec lui, les légats provoquèrent une conférence qui eut lieu en présence de l'empereur. Nicétas, vaincu par la solidité des arguments d'Humbert, son principal adversaire, rétracta son écrit et le livra aux flammes.

Les légats devaient être moins heureux dans les négociations ultérieures. Humbert, malgré son incontestable habileté, ne sut pas se concilier l'esprit des Grecs. Au lieu de chercher à les ramener par la douceur et le calme dans ses discussions, il se montra agressif, hautain même jusqu'à l'arrogance. Cérulaire, qu'il aurait fallu surtout ménager, au moins par politique, puisqu'il se considérait comme l'égal du pape, pensa que les légats ne le traitaient pas avec tous les égards dus à sa dignité. Aussi voulait-il, pour se venger, que les envoyés de Rome prissent place après les archevêques grecs, dans le synode qu'il se proposait de convoquer [1]. Une rupture devenait inévitable. Les légats, voyant qu'il cherchait toutes sortes de prétextes pour ne pas entrer en pourparlers, déposèrent, en présence du clergé et du peuple, sur le maître-autel de l'église Sainte-Sophie une sentence d'excommunication contre Cérulaire, Léon, archevêque d'Acrida, en Bulgarie, et leurs partisans; puis ils se retirèrent. Le 18 juillet, ils reprirent le chemin de Rome. En quittant Constantinople, ils secouèrent la poussière de leurs chaussures, à la manière des Apôtres [2]. Après leur départ, Cérulaire avait altéré la sentence d'excommunication, l'avait lue au peuple pour l'exciter contre les légats, puis avait déclaré à l'empereur qu'il était prêt à reprendre les négociations. Ce n'était qu'une ruse. Constantin rappela les légats, qui étaient déjà arrivés à Selimbria; mais ayant appris que Cérulaire devait convoquer un synode en son absence et faire lapider les envoyés du pape, il les engagea à repartir sur-le-champ. Il leur fit de magnifiques présents, ainsi

---

[1] Baronius, *Annales ecclesiastici*, t. XVII, pp. 89 et 90, an. 1054.

[2] « Fridericus... ubi indicta sinodo cum imperatorem Constantinopolitanum et patriarcham evocasset, et illi primatus sui majestatem vendicantes, dicto obtemperare dedignarentur, egressus urbem, sandalia sua more apostolorum publice super eos excussit. Quo facto, tantum terrorem omnibus Constantinopolitanis incussit, ut imperator et patriarcha cum clero et populo sequenti die, sacco et cinere obvoluti, ad eum procederent et apostolicam auctoritatem in eo proni in terram adorarent. » — *Lamberti Hersfeldensis annales*, dans Pertz t. V, p. 155. — Ce passage de Lambert semble prouver que Frédéric était le chef de la députation.

qu'à Saint-Pierre de Rome, et, sur leur demande, il accorda une rente annuelle de deux livres d'or au Mont-Cassin [1]. Leur voyage semblait devoir se terminer heureusement, mais lorsqu'ils voulurent traverser les terres de Tramond, comte de Teate, celui-ci les arrêta et ne les laissa continuer leur route qu'après les avoir dépouillés de presque tout ce qu'ils possédaient [2]. Enfin, ils arrivèrent à Rome. Le pape Léon était mort peu après leur départ pour Constantinople.

Le séjour de Frédéric à Rome ne fut pas de longue durée, car il prit subitement la résolution de se retirer au Mont-Cassin. Sa détermination fut-elle spontanée ? Obéit-il, comme semble l'insinuer Ciaconius, à un penchant naturel pour la vie monastique [3] ? Cela n'est pas probable : Frédéric céda plutôt à la nécessité ou à la prudence. Il était suspect à Henri III qui, depuis plus de dix ans, était en lutte avec Godefroi, son frère. L'empereur redoutait à bon droit son influence en Italie; il savait qu'il avait rapporté de Constantinople des sommes considérables, et peut-être supposait-il que cet argent était destiné à favoriser les entreprises de Godefroi [4]. Il voulut donc à tout prix le mettre dans l'impossibilité de lui nuire. C'est pourquoi il écrivit au pape Victor II de se saisir de Frédéric et de le faire conduire auprès de lui en toute hâte [5]. Mais Frédéric fut prévenu du complot tramé contre lui; la haine que Henri portait à Godefroi, la conduite qu'il venait de tenir en gardant Béatrix, sa belle-sœur, comme prisonnière de

---

[1] *Chronicon mon. Cas.*, dans Muratori, t. IV, p. 403, et dans Pertz, t. VII p. 686.

[2] *Ibid.*

[3] « ... Sumpto (quam a puero semper amavit) religionis sancti Benedicti habitu. » *Vitæ Romanorum pontificum*, t. I, col. 809.

[4] « ... Comperiens itaque imperator Fridericum a Constantinopoli reversum magnam valde pecuniam detulisse, cepit eum vehementer suspectum habere, nam eo tempore fratri ejus Gotfrido inimicissimus erat. » *Chronicon mon. Cas.*, dans Muratori, t. IV, p. 404, et dans Pertz, t. VII, p. 687. — « Fridericus, quia exosus erat imperatori Heinrico pro odio fratris sui Godefridi ducis post legationem Constantinopolitanam apud Casinenses monachus, et postea abbas factus, » etc. — Sigebert de Gembloux, dans le *Recueil des historiens de France*, t. XI, p. 165, et dans Pertz, t. VI, p. 360.

[5] « Quapropter scripserat apostolico ut illum caperet sibique festinanter studeret transmittere » — *Chronicon mon. Cas.*, dans Muratori, t. IV, p. 404, et dans Pertz, t. VII, p. 687. —Voigt, *Histoire du pape Grégoire VII*, p. 30, dit que l'empereur voulait seulement *s'assurer* de Frédéric.

guerre, au mépris du droit des gens, ne pouvaient lui laisser aucune illusion sur le sort qui lui serait réservé s'il tombait entre les mains de l'empereur. Il alla donc secrètement trouver Richer, abbé du Mont-Cassin, qui passait alors par Rome en revenant de Lucques, où il était allé voir Henri, et le pria avec instance de l'emmener avec lui et de le recevoir dans son abbaye comme religieux. Sa retraite dans un monastère lui assurait l'inviolabilité. Richer y consentit, au risque de mécontenter l'empereur, et comme le moindre retard pouvait être funeste, à Frédéric, il le fit partir sur-le-champ avec tous les siens.

Quelques jours après, Richer arriva dans son monastère, accompagné de députés que Henri envoyait aux princes d'Italie pour les inviter à entrer dans son alliance. Ce fut sans doute pour que l'empereur fût informé par eux de sa résolution que Frédéric revêtit en leur présence l'habit bénédictin.

Il passa ainsi quelque temps au Mont-Cassin ; ensuite il sollicita et obtint de Richer la permission de se retirer au monastère de l'île de Tremiti. La discipline était, paraît-il, loin d'y être florissante. Frédéric y remarqua des abus : les signala-t-il ou essaya-t-il de les corriger ? Quoi qu'il en soit, il ne réussit qu'à encourir la disgrâce de l'abbé [1]. Son séjour à Tremiti était devenu impossible ; il partit pour le monastère Saint-Jean de Venere, dans le pays de Lanciano ; mais il n'y fut que peu de jours, car ayant appris que Richer revenait d'Ancône, il vint le trouver au monastère de Saint-Liberator, lui demanda pardon de ses pérégrinations qui n'étaient pas suffisamment justifiées, et témoigna le désir de retourner au Mont-Cassin. Richer lui pardonna, et Frédéric reprit sa place parmi les religieux.

Après la mort de l'empereur Henri III (octobre 1056), Frédéric put en toute sûreté quitter sa retraite. Il vint donc, à une époque qu'il est impossible de préciser, demander au pape Victor réparation des violences dont il avait été victime de la part de Tramond, comte de Teate. Tramond, comme on l'a vu plus haut, l'avait fait prisonnier, lui et ses compagnons, à leur

---

[1] « Dehinc cum pro quibusdam reprebensibilibus que inibi reppererat, abbati ejusdem loci cœpisset ingratus existere, nequaquam ibi remorandum ratus, » etc. — *Chronicon mon. Cas.*, dans Muratori, t. IV, p. 404, et dans Pertz, t. VII, p. 687.

retour de Constantinople, et s'était emparé de presque tout ce qu'ils possédaient. Victor excommunia le comte de Teate, qui reconnut ses torts. Il fit le voyage de Rome pour restituer aux légats ce qu'il leur avait pris et leur accorder pleine satisfaction. La sentence d'excommunication fut alors levée par le pape. A l'instigation de Frédéric et du cardinal Humbert, et par déférence pour Victor, il rendit au Mont-Cassin un bourg, nommé Frisa, que sa femme avait donné à ce monastère, mais qu'il s'était empressé de reprendre quand elle fut morte[1].

D'après la chronique de Penna[2], cet incident se serait terminé d'une autre manière, et seulement après l'élévation de Frédéric à la papauté. Etienne X, à la tête d'une armée, aurait marché contre Tramond. Dès que celui-ci eut appris l'arrivée du pape, il se mit à trembler et entra dans une grande fureur. Mais, sur le conseil d'hommes sages, il vint trouver Étienne, une corde au cou, et lui rendit tout ce qu'il lui avait enlevé. Il obtint ainsi son pardon.

Richer, abbé du Mont-Cassin, étant mort (11 décembre 1055), fut remplacé par Pierre, qui ne tarda pas à être déposé, parce que son élection n'était pas canonique. Quand il fallut lui donner un successeur, les religieux se réunirent sous la présidence de Humbert, évêque de Silva Candida, le 23 mai 1057. Plusieurs cardinaux étaient présents. Tous les suffrages se portèrent sur Frédéric, que sa naissance et son mérite désignaient pour ces importantes fonctions[3]. Cette élection fut particulièrement agréable à Humbert. Il présenta le nouvel abbé aux religieux, qui l'acclamèrent avec de grands transports de joie.

C'était l'usage, au Mont-Cassin, quand un abbé venait d'être

---

[1] *Chronicon mon. Cas.*, dans Muratori, t. IV, p. 405, et dans Pertz, t. VII, p. 690.

[2] *Chronicon Pennense*, publié dans l'*Archiv der Gesellschaft für ältere deutsche Geschichtkunde*, 1822, t. IV, p. 130.

[3] « ... Altera vero die, id est sexta feria post Pentecosten, in capitulum universi fratres convenientes, præsidente prædicto Humberto, Apostolicæ Sedis legato, cœperunt de eligendo sibi abbate tractare. Uno igitur tandem consensu et unanimi voluntate, Fridericum omnibus eligere complacet; qui cum et nobilitate ac sapientia magna polleret, quod his quoque præcipuum esset, monachus ejusdem congregationis existeret. Quod cum Humberto quoque episcopo satis laudabile videretur, mox ab eo fratribus traditus, ingenti gaudio et exultatione cunctorum, de more monasterii abbas electus est. » — *Chronicon mon. Cas.*, dans Muratori, t. IV, p. 405, et dans Pertz, t. VII, p. 692.

élu, qu'il se fît consacrer par le pape [1]. Dix jours après son élection, Frédéric prit avec lui huit de ses religieux et partit pour aller trouver Victor II, alors en Toscane. Il était accompagné du cardinal Humbert. Celui-ci raconta au pape les circonstances de l'élection de Frédéric et lui fit toute sorte d'éloges du Mont-Cassin. Victor fut ravi d'un aussi bon choix. Le samedi 14 juin [2], il créa Frédéric cardinal-prêtre du titre de Saint-Chrysogone, et, sept jours après, il lui donna la consécration abbatiale. Pendant son séjour auprès du pape, son élection fut, selon une coutume fort ancienne, confirmée par Victor. Il obtint le droit de porter les sandales et la dalmatique, insignes dont Léon IX avait déjà permis l'usage à Richer; dans les réunions d'évêques et d'abbés, il devait occuper la première place, et, dans les assemblées, il pourrait prendre le premier la parole. A ces priviléges, personnels à Frédéric, en étaient joints d'autres pour l'abbaye du Mont-Cassin [3].

Frédéric prit congé du pape le 23 juillet; puis il vint à Rome. Le dimanche suivant 27, il célébra une messe solennelle à l'église Saint-Pierre. Il alla ensuite à l'église Saint-Chrysogone, dont il portait le titre, accompagné d'un grand concours de peuple qui était venu pour l'acclamer. La même foule le reconduisit à *Pallaria*, où il s'était arrêté. Il y resta jusqu'au vendredi suivant pour se procurer les ornements de sa nouvelle dignité, et il se préparait à retourner au Mont-Cassin, quand, tout à coup, Boniface, évêque d'Albano, arriva de Toscane, annonçant la mort du pape. Cet événement imprévu jeta Frédéric dans la consternation, et lui fit différer son départ.

Aussitôt que le bruit de la mort de Victor se fut répandu dans Rome, le clergé et le peuple se réunirent pour lui donner un successeur. Frédéric assistait aux délibérations. Deux jours se passèrent sans que rien eût été décidé. Notre cardinal, consulté sur le choix qui lui paraissait le meilleur, proposa Hum-

---

[1] Gattula, *Hist. abbat. Cas.*, t. I, p. 165.

[2] « Sabbato itaque in jejunio junii mensis cardinalis presbyter de titulo sancti Chrysogoni ordinatus, in nativitate vero sancti Johannis abbatie est consecrationem adeptus, atque usque ad festivitatem sancti Apollinaris cum eodem est apostolico remoratus. » — *Chronicon mon. Cas.*. dans Muratori, t. IV, p. 408, et dans Pertz, t. VII, p. 692.

[3] La bulle de Victor II est dans Migne, t. CXLIII, col. 831, d'après Mabillon, *Annal. ord. S. Bened.*, t. IV. p. 744.

bert, évêque de Silva Candida, Jean, évêque de Velletri, Hubert, évêque de Pérouse, Pierre, évêque de Tusculum, et Hildebrand, sous-diacre de l'Église Romaine. Aucun de ces personnages ne convenant aux Romains, ils voulurent le nommer lui-même. Mais il s'y opposa, disant : « Vous ne pourrez « faire de moi que ce que Dieu voudra ; sans sa permission, « vous ne pouvez ni me donner, ni m'ôter cette charge [1]. » Quelques-uns, mais c'était le plus petit nombre, étaient d'avis qu'il valait mieux attendre le retour d'Hildebrand, encore en Toscane, où il avait accompagné le pape défunt ; les autres décidèrent qu'il n'y avait pas lieu de tarder plus longtemps. Leur avis prévalut. Aussi, le lendemain de grand matin, 2 août, toute la population se transporta à *Pallaria* et fit violence à Frédéric pour le conduire à l'église Saint-Pierre-ès-Liens. Il fut élu par acclamation, et, comme c'était le jour de la fête de Saint-Étienne, pape et martyr, on lui donna son nom. De Saint-Pierre, le peuple l'accompagna jusqu'au palais de Latran. Le 3 août, il fut sacré dans l'église Saint-Pierre, en présence des cardinaux, du clergé et du peuple de Rome, à la grande joie de tous [2]. Selon Ciaconius, ce fut Mainard, archidiacre de l'Église Romaine, qui lui donna la consécration pontificale.

II

Pendant les quatre premiers mois de son pontificat, Étienne tint à Rome plusieurs synodes pour combattre l'incontinence des clercs. Non-seulement certains clercs et prêtres étaient mariés ou vivaient en concubinage, mais encore ils contractaient des alliances que la morale la moins sévère réprouve. Les unions entre proches parents n'étaient pas rares [3].

Pierre Damien comparant, par une expression qui lui est très-familière, le pape à Phinée, raconte qu'Étienne avait chassé de Rome un certain nombre de clercs, afin que, même

---

[1] « De me nil poteritis agere nisi quod permiserit Deus, et absque illius nutu neque concedere neque tollere mihi officium istud potestis. » — *Chronicon mon. Cas.*, dans Muratori, t. IV, p. 409, et dans Pertz, t. VII, p. 693.

[2] *Chronicon mon. Cas.*, dans Muratori, t. IV, p. 409, et dans Pertz, t. VII, p. 693.

[3] *Ibid.*

après s'être séparés de leurs femmes, ils fissent pénitence. Pour avoir exécuté l'ordre du pape, ils n'étaient pas devenus meilleurs; car, loin de chercher à se corriger, ils ne faisaient que se plonger plus avant dans la débauche. L'un d'eux, qui habitait près de l'église Sainte-Cécile, au-delà du Tibre, n'avait pas voulu se séparer de sa femme, et refusait d'obéir au pape. Un soir, c'est encore Pierre Damien qui raconte le fait, il se mit au lit, plein de force et de santé, pour prendre son repos, mais, le lendemain matin, il fut trouvé sans vie. Alors deux clercs de l'église Sainte-Cécile furent envoyés auprès de Pierre Damien, pour lui demander quelle conduite ils devaient tenir au sujet du mort. Pierre leur répondit que, en raison de son caractère sacerdotal, le défunt pouvait être enterré dans l'église, mais il défendit qu'on célébrât pour lui un office solennel [1]. Par cet exemple, il espérait frapper de terreur les incontinents et raviver chez les tièdes la ferveur et la discipline.

Les habitants de Capoue avaient dépouillé de leur église les moines de Saint-Vincent de cette ville, et, moyennant une somme d'argent, l'avaient donnée à un clerc du nom de Lando. Les religieux de Saint-Vincent se plaignirent au pape et demandèrent réparation de l'injustice dont ils étaient victimes. Étienne, qui n'apportait pas moins de zèle à combattre la simonie que l'incontinence, convoqua Lando à un synode, mais celui-ci n'osa pas s'y présenter. Il fut excommunié ainsi que les habitants de Capoue.

Étienne essaya de rétablir la discipline et la paix dans l'église de Milan. La suprématie de Rome y était contestée; la simonie et l'incontinence avaient envahi tous les rangs du clergé et atteint également les prêtres et les lévites [2]. A une corruption effrénée étaient venues se joindre les dissensions intestines. Deux partis étaient en présence : l'un avait pour chef l'archevêque Gui, l'autre Ariald et Landolphe. Gui était une créature de l'empereur Henri III. Ignorant, entaché des vices que sa charge lui faisait un devoir de combattre, puisqu'il a mérité le reproche de concubinage et de simonie [3],

---

[1] Pierre Damien. *Opuscules*, xviii, *contra intemperantes clericos*, dans Migne, t. CXLV, col. 409.

[2] Bonizon, dans Jaffé, *Monumenta Gregoriana*, p. 640, dit qu'on trouvait à peine cinq clercs sur mille qui fussent exempts de simonie.

[3] Héfélé, t. VI, p. 372, d'après *Rerum Boicarum Scriptores*, t. II, p. 805. Migne, t. CXL, col. 825.

Gui n'était pas l'homme qu'il eût fallu pour relever l'église de Milan de la décadence où elle était tombée. L'obscurité de sa naissance lui avait attiré le mépris du clergé [1] ; et ses vices lui avaient fait des ennemis du petit nombre de clercs restés encore fidèles à leurs devoirs. Ariald, issu d'une famille noble, pieux et instruit, se mit en révolte ouverte contre Gui, parce que, dit Landolphe l'ancien [2], il avait voulu se venger de l'archevêque, qui l'avait puni à la suite d'une faute. Selon l'historien Arnoul, il aurait mécontenté les clercs par sa sévérité excessive à leur reprocher leurs débordements. Il s'unit à Landolphe, qui était très-éloquent, et commença à prêcher, bien qu'il n'eût pas reçu les ordres. Par leurs justes, mais violentes déclamations, ils réussirent à soulever le peuple contre le clergé. Landolphe, à la tête de ses partisans, attaqua des clercs rassemblés dans une église et les força à signer un écrit par lequel ils s'engageaient à vivre désormais dans la chasteté. Pendant ce temps, leurs maisons étaient envahies et pillées. Les procédés d'Ariald et de Landolphe ne pouvaient donc guère faciliter les réformes qu'ils avaient entreprises. Aussi les plaintes du clergé de Milan étant parvenues jusqu'à Étienne X, il ordonna à Gui de convoquer un synode et à Ariald et Landolphe d'y assister. Ce synode, auquel furent présents un grand nombre d'évêques, fut tenu à Fontaneto, dans le diocèse de Novare. Ariald et Landolphe furent attendus trois jours, mais ils ne comparurent pas, et, après ce temps, ils furent frappés d'excommunication. Mais, sans s'inquiéter de cette mesure, ils continuèrent la lutte comme auparavant, car ils avaient l'appui du peuple, et telle était leur popularité à Milan, que les habitants les accompagnaient en foule, leur formaient une garde, et, se faisant leurs complices, attaquaient les églises, insultaient les clercs, en les appelant *patares*, etc. [3].

Ce fut sans doute après que la sentence d'excommunication eut été prononcée contre lui, qu'Ariald vint à Rome pour se justifier auprès d'Étienne. Il exposa au pape ce qui s'était

[1] Arnulfus, *Hist. Mediol.*, dans Muratori, t. IV. p. 23, et dans Pertz, t. X, p. 17.

[2] Landulfus, *Hist. Mediol.*, dans Muratori, t. IV, p. 100, et dans Pertz, t. X, p. 76.

[3] Héfélé, t. VI, p. 375.

passé à Milan et ce qu'il avait fait pour arracher les prêtres à leur vie de désordres. Mais il ne reçut pas à Rome l'accueil qu'il espérait. Un des cardinaux présents, nommé Denis, qui ignorait sans doute l'état de l'église de Milan et qui la croyait probablement florissante comme aux jours de sa jeunesse, lorsqu'il y était élevé, lui reprocha dans un discours sévère sa conduite et celle de Landolphe [1]. Il le blâma d'avoir entre-

---

[1] Voici le texte de ce discours, rapporté par Landolphe : « Cum hujus inauditæ Pataliæ placitum cogitasti commovere, qualiscumque intentionis esses, ab apostolico aut ab aliquo religioso viro prius multis cum jejuniis debuisses consiliari, quam hujusmodi tam magnum et tam periculosum cum viris inliteratis inchoasse, et quod cum humilitate et patientia bonisque admonitionibus debebas docere, hoc cum lanceis, fustibus, ut asseritis, laicis super sacerdotes currentibus, administrasti An ignorabas Dei evangelium dicentis : *Qui vos tangit, me tangit ?* et David prophetarum eximius per spiritum sanctum ipsum Saülem a Deo damnatum cognoscens, ut nos informaret, dixit : *Non licet mittere manum in Christum Deum ;* enim, nisi fueris Dei adjutus misericordia, dignus es lapidi alligari et in profundum maris demergi. Quantum gloriosissimam ac præclarissimam Dei ecclesiam, in qua B. Ambrosius multum laborando desudavit, inconsulte scandalizasti ! Cujus dissidium crudeliter disseminatum, et ante noviter natum, ut video, universum mundum citissime, laicis adversus sacerdotes studiose inhiantibus, invadet. Vera Dei ecclesia, ne dissidium aut scandalum oriatur, multa per tempora sanctis imbuta alimoniis, quamplurima sustinere ac pati consuevit. Hoc dissidium est illud unde puerorum numerus infinitus sine baptismate diversis attritus mortibus crudeliter necabitur, hæc illa est occasio, ob quam multi juvenes, dum naturam suam exercere non possunt, contra naturam currentes delinquunt et debitum quod uxori, si haberent, dum impendere non possunt, in alterius inhiant uxorem. Saltem B. Ambrosius te tangat, qui cum eum quædam mulier tangere conaretur, ore episcopali dixit : *Et si ego tanto sacerdotio indignus sum, non licet te mittere manum in Christum Deum.* Velint, nolint, fustibus ac plagis diversis castificas eos, imo incestos animo et corpore patenter reddis, cum Apostolus dicat : *Deus non vult coacta servitia.* Et si tu cum tuis justus, castus, pudicus, sanctus et bonus Dei misericordia esses, aspice quid veritatis magister discipulis dicat : *Et si perfeceritis omnia, discite quod inutiles servi estis.* Tu autem sacerdotes Dei, quos mundus totus usque modo bonos et charos, justos et fideles tenens eis devote in cunctis obediebat, quamvis tanto sacerdotio indigni, criminosis et seditiosis omnibus, qui nesciunt quid sit inter dexteram et sinistram, criminose tradidisti. His enim verbis omnium sacerdotum vitam et ecclesiarum cunctarum mores longasque eorum consuetudines crudelissimis christianis quasi canibus lymphaticis ad rodendum sub obtentu castæ religionis dedisti. Quod enim juste ac devote summaque cum humilitate tractari emendarique pietas divina exigebat, optimis moribus bonisque exemplis, hoc fustibus, lanceis ensibusque populi insensati pertractandum, imo conculcandum commisisti. Potuit namque Dominus noster Jesus, humani generis redemptor, uno imperio suæ majestatis totius mundi incredulos christianos facere perfectos, et omnes crucifigentes se uno in momento viros (*leg.* vivos) in infernum demergi. At ut nos summa cum patientia hostem antiquum, serpentem crudelissimum, humani generis inimicum superare et prosterner⌐ possimus, veritas dicens benigne admonuit : *In patientia vestra possidebitis*

pris ses réformes, sans avoir consulté le pape ou quelque autre personnage de bon conseil ; d'avoir exécuté son projet sans s'y être préparé par le jeûne et la prière, et surtout d'avoir eu recours à la violence. Sans parler du scandale qui pouvait résulter des discordes dont il était le principal fauteur, il exposait les enfants à mourir sans baptême, empêchait les jeunes gens de contracter mariage, et par conséquent les mettait dans la nécessité de se livrer au vice, puisqu'il cherchait à les priver du ministère des prêtres. Mais il était surtout coupable de s'être mis à la tête du peuple et d'avoir eu recours à des moyens humains pour arriver à une réforme que l'humanité et la vertu seules pouvaient opérer. Son intention était bonne et louable à la vérité, mais ses actes n'avaient pas été accomplis en vue de Dieu, c'est pourquoi il devait être suspendu de toute fonction.

Après ce discours, Étienne prononça quelques paroles. Il n'osa ni louer Denis, ni blâmer Ariald. Il tenait sans doute compte à celui-ci de ses intentions, et, s'il ne lui donna pas raison contre l'archevêque Gui, c'est qu'il n'approuvait pas sa conduite violente envers le clergé de Milan ; peut-être aussi se crut-il obligé de montrer une certaine douceur envers Gui, afin de ne pas le pousser aux dernières extrémités, ou de ne pas déshonorer son ministère en lui infligeant un blâme public. Dans cette circonstance, le pape ne manqua pas de fermeté, comme on pourrait le croire : il fut prudent, et pensa qu'avant de prendre une résolution définitive, il fallait voir de près la situation de l'église de Milan et tenter par la conciliation d'y porter remède. C'est pourquoi, peu de jours après, il députa à Milan avec Ariald, qui s'en retournait, Anselme, évêque de Lucques, et Hildebrand. Mais, soit qu'ils n'eussent pas suivi de point en point les instructions d'Étienne, soit, comme le dit Landolphe [1], qu'Ariald eût été furieux de

---

animas vestras. Scio enim, et vere scio, verba vestra bona et rationabilia videntur, et laude digna ; sed quia zelo non incœpistis, ab omni munere a Deo privemini. Docet namque omnes ecclesiasticas dignitates, omnes honores, quales ab aliquo reprehendi non possunt, sacerdotes vero per omnia bonos ; sed dicit Deus cuidam sese interroganti : *Quid me dicis, bone? nemo bonus, nisi solus Deus.* » — *Landulphi senioris Mediolanensis historia,* dans Muratori, t. IV, p. 102.

[1] « ... Zelo zelabant nequissimo, qui cum Mediolanum attigissent, secus omnia tractarunt quam Apostolicus eis denotasset. » *Landulphi senioris Mediolanensis historia,* dans Muratori, t. IV, p. 103.

n'avoir pas obtenu gain de cause, et que Hildebrand eût vu avec peine que l'église de Milan cherchait à se soustraire à l'autorité de Rome, l'intervention des légats fut sans résultat [1]. Cette lutte, qui donne une si triste idée des mœurs et de la discipline du clergé à cette époque, ne devait être terminée qu'en 1059, sous le pontificat de Nicolas II.

Étienne confirma les priviléges de l'église de Lucques, à la requête d'Anselme, évêque de cette ville. Par une bulle donnée à Rome, le 18 octobre, il défendait à quiconque de traduire les clercs et les religieux de Lucques devant les tribunaux séculiers, de s'emparer de leurs biens, de les frapper d'impôts, et il les affranchissait de toute puissance laïque [2]. Le 10 novembre suivant, il accorda un privilége du même genre au monastère Saint-Pierre de Pérouse, dont il reconnaissait les possessions et les droits [3].

La santé d'Étienne commençait à décliner. Il quitta Rome pour aller au Mont-Cassin, espérant qu'un séjour en ce lieu lui serait favorable. Il arriva le 30 novembre dans ce monastère, dont il était encore abbé, accompagné de plusieurs Romains [4]. Aussitôt il se mit en devoir de réformer des abus qui s'y étaient introduits. Certains religieux, par exemple, au mépris de la règle qui leur imposait la pauvreté, n'avaient pas entièrement renoncé aux biens du monde. Étienne eut recours aux exhortations, aux menaces et aux corrections pour les rappeler à l'observation de leurs vœux. Il eut la satisfaction d'y réussir en partie. Il remplaça aussi le chant ambrosien, dans l'église du monastère, par le chant grégorien [5].

A la demande de l'évêque Pandolfe, Étienne confirma le rétablissement des limites du diocèse des Marses, qui avait été démembré par le pape Benoît IX et ramené à son état primitif

[1] Bonizon, dans Jaffé, *Monumenta Gregoriana*, p. 640, et Landolphe, *loc. laud.*, sont les seuls historiens qui parlent de cette mission à Milan donnée à Hildebrand par Étienne X. Ils sont d'accord sur ce point principal, mais ils diffèrent un peu sur certains détails sans importance.

[2] Migne, t. CXLIII, col. 871, d'après Muratori, *Antiq. Ital.*, t. V, p. 973.

[3] Migne, t. CXLIII, col. 872, d'après Cocquelines, *Bullar. Rom. pont.*, t. I, col. 396.

[4] *Chronicon mon. Cas.*, dans Muratori, t. IV, p. 410, et dans Pertz, t. VII, p. 693.

[5] *Ibid.*

par Victor II, le 18 avril 1057. La bulle donnée en cette circonstance est du 9 décembre [1]. Ce fut probablement vers la même époque qu'il confirma la règle, les biens et les priviléges du monastère de Saint-Prosper de Reggio [2].

Vers Noël, la maladie du pape prit un tel caractère de gravité, qu'il se crut près de sa fin. Il convoqua donc les principaux religieux du monastère et les invita à élire un abbé. Après quelques instants de délibération, tous les suffrages se portèrent sur Didier. Le pape fut prié de ratifier ce choix. Il y consentit d'autant plus volontiers, qu'il connaissait déjà Didier depuis quelque temps. Il l'avait rencontré à Bénévent, et leur amitié s'était de plus en plus resserrée depuis que l'abbé Pierre les avait reçus tous deux au Mont-Cassin. Étienne confirma donc son élection en disant que, dans le grand nombre de religieux distingués qui composaient le monastère, il n'en trouvait pas de plus digne pour une pareille charge.

Mais Étienne voulait conserver, tant qu'il vivrait, ses fonctions d'abbé. Ayant depuis longtemps décidé d'envoyer Didier auprès de l'empereur de Constantinople, il lui déclara que si, à son retour, il le trouvait encore vivant, il n'aurait, lui Didier, que le titre d'abbé, sans en avoir les priviléges et les attributions ; mais que, s'il revenait après sa mort, il serait agréé par tous comme abbé. Alors il députa à Constantinople Didier, le cardinal Étienne et Mainard, qui fut dans la suite évêque de Silva Candida, en leur enjoignant de revenir aussitôt après avoir rempli leur mission. Cette ambassade, qui avait pour objet la reprise des négociations entamées auparavant entre Léon IX et l'empereur de Constantinople, n'eut pas de suite, Didier et ses compagnons étant revenus sur leurs pas aussitôt qu'ils apprirent la mort d'Étienne [3].

Pendant ce temps, Hildebrand était en Allemagne [4]. Il avait

<hr>

[1] *Chronicon mon. Cas.*, dans Muratori, etc., ut supra.

[2] Migne, t. CXLIII, col. 876, sqq., d'après Margarini, *Bullarium Casinense*, t. II, p. 190.

[3] *Chronicon mon. Cas.*, dans Muratori, t. IV, p. 419, et dans Pertz, t. VII, pp. 702 et 703.

[4] Floto, *Kaiser Heinrich der Vierte und sein Zeitalter*, t. I, p. 207. Hildebrand vint à Noël à la cour impériale, qui était alors à Pöhlde. — Ciaconius dit que le voyage de Hildebrand en Allemagne eut lieu au commencement du pontificat d'Étienne X, mais son assertion est en contradiction avec le témoignage de la plupart des chroniqueurs. Il n'était pas encore de retour de sa mission au moment de la mort du pape.

été désigné pour informer l'impératrice Agnès, mère de Henri IV, de l'élection d'Étienne. Sa mission était des plus délicates. Si l'on se rappelle comment il avait été élevé à la papauté, choisi par le consentement unanime du clergé et du peuple de Rome, lui qui était, par tradition de famille, l'ennemi juré des empereurs d'Allemagne, Agnès et son fils avaient dû considérer cette élection comme une protestation contre le droit que les empereurs s'étaient arrogé d'intervenir plus ou moins directement dans le choix des papes. Ils paraissaient aussi avoir sous la main un candidat tout prêt à recueillir la succession de Victor II; c'était Adalbert, archevêque de Hambourg [1]. A cet échec subi par leur politique, venait encore se joindre la grave question des investitures. Hildebrand, toujours fidèle à la règle de conduite qu'il s'était tracée, et Étienne voulaient que Henri renonçât à trafiquer des dignités ecclésiastiques et qu'il les donnât à ceux qui en seraient dignes par leur science ou leur mérite [2]. Mais, de part et d'autre, les prétentions sur ce point étaient telles, que l'accord ne fut pas possible. S'il faut en croire plusieurs auteurs dignes de foi, Étienne aurait lancé contre Henri, sinon l'excommunication, du moins la censure, et l'aurait déclaré hérétique [3]. Il serait donc le premier pape qui eût défendu les droits et les libertés de l'Église romaine en entrant ouvertement en lutte avec l'Empire au sujet des investitures. Cet acte énergique montre assez quels efforts eût faits Étienne, si la mort lui en eût laissé le temps, pour ame-

---

[1] Höfler, *Die deutschen Päpste*, II[te] Abtheilung, p. 272.

[2] Ciaconius, *Vitæ Pontif. Roman.*, t. I, col. 811.

[3] « Hic (Stephanus) primus propter investituram nostris temporibus cepit declarare Henricum imperatorem hereticum.» *Vies des papes*, ms. latin 5114 A, fol. 93. La même chose se trouve dans les mêmes termes dans le ms. latin 5144, fol. 126 v°. Voy. aussi ms. latin 11889, f. 5, qui est une continuation d'Anastase le Bibliothécaire, d'après le ms. C. 79 de la bibliothèque Vallicellane. — « Stephanus Hildebrandum cardinalem legatum misit ad Agnetem, Henrici quarti imperatoris matrem, ut eam de sui electione certiorem redderet, precipue vero ut per eam Henricum admoneret, ne beneficia ac dignitates ecclesiasticas per simoniam venderet, sed iis largirentur qui magis de ecclesia meriti forent. Cum vero hujusmodi legatione parum profecisset, aspero decreto Henricum imperatorem damnare non pertimuit. » *Romanorum pontificum nomina, successio et patria*, dans le ms. latin 13726, fol. 19 v°. — « Sunt qui dicant Stephanum pontificem in Henricum imperatorem hæreseos nomine invectum esse, quod summorum pontificum auctoritatem diminueret, contempta religione, spretoque immortali Deo.» Platina, *De vitis pontificum romanorum*, p. 150. — Cf. Mansi, *Concil.*, t. XIX, col. 838. — Ciaconius, *Vitæ pontif. Romanorum*, t. I, col. 809.

ner le triomphe de la cause à laquelle Grégoire VII consacra sa vie et que Calixte II eut l'honneur de mener à bonne fin.

Gervais, archevêque de Reims, ayant écrit à Étienne X pour le féliciter de son élection, celui-ci lui répondit en l'invitant à assister à un concile qu'il avait l'intention de célébrer quinze jours après la fête de Pâques suivante , et il le priait de venir auprès de lui avec Hildebrand [1]. La lettre du pape fournit un renseignement précieux, savoir que Hildebrand était alors en France, et nous donne la date d'un fait important sur laquelle les historiens ne sont pas d'accord.

Hildebrand avait été envoyé en France ou y était venu d'Allemagne pour célébrer, dans la province de Lyon, un concile contre les clercs simoniaques et incontinents. Ce concile fut signalé par l'incident suivant, qui a été rapporté, presque dans les mêmes termes, par plusieurs anciens chroniqueurs. Dans le nombre des prélats présents au synode, se trouvait un archevêque, homme instruit et éloquent, qui avait été accusé de simonie ; mais il était parvenu à corrompre ses accusateurs à prix d'argent et à s'en faire des amis. Le lendemain de l'ouverture du concile, l'archevêque entra hardiment dans l'assemblée, et dit : « Où sont mes accusateurs ? Qu'ils se « présentent, tous ceux qui veulent me condamner. » Les assistants gardaient le silence. Alors Hildebrand se tournant vers lui : « Crois-tu, lui dit-il, que la substance et la divinité « du Saint-Esprit soit la même que celle du Père et du Fils ?— « Oui, je le crois. » Hildebrand reprit : « Dis donc : Gloire au « Père, au Fils et au Saint-Esprit. » L'archevêque disait bien : « Gloire au Père et au Fils, » mais il lui fut impossible d'ajouter : « et au Saint-Esprit. » Couvert de confusion, il se jeta aux pieds de Hildebrand, et confessa qu'il était simoniaque. Il fut déposé de ses fonctions. Il put ensuite, paraît-il, dire à haute et intelligible voix : « Gloire au Père, au Fils et au Saint- « Esprit. » Les autres prélats coupables de simonie furent si impressionnés, qu'ils avouèrent leurs fautes et renoncèrent spontanément à leurs charges.

Ce récit nous a été transmis par Pierre Damien, qui n'indique pas l'époque de la célébration du concile. Il dit seulement que Hildebrand fut envoyé en France par le pape

---

[1] Migne, *Patrologie*, t. CXLIII, col. 870.

Victor II [1]. Didier, abbé du Mont-Cassin, plus tard pape sous
le nom de Victor III, dit de même [2]. Paul Bernried rapporte
l'incident raconté plus haut, mais sans dire ni quand ni par
qui Hildebrand fut chargé de convoquer le concile [3]. Voigt [4] et
Héfélé [5] ont suivi le récit de Pierre Damien, peut-être parce
qu'ils ne connaissaient pas les témoignages contraires. Mais,
selon d'autres chroniqueurs dignes de foi, c'est à Étienne X
qu'il faudrait attribuer l'honneur de la convocation de ce concile. Parmi eux, le cardinal d'Aragon, dans la courte biographie qu'il nous a laissée d'Étienne, dit que ce pape envoya
Hildebrand au-delà des monts, pour mettre un terme à la
simonie et au concubinage des clercs en Bourgogne [6]. Si nous
ouvrons la chronique de Bonizon, nous voyons qu'il place
aussi la célébration de ce concile sous le pontificat d'Étienne X,
après le voyage que Hildebrand avait fait à Milan pour mettre
un terme aux désordres des Patares [7]. Jacques de Voragine [8]
et Ricobald de Ferrare [9] ont suivi la version de Bonizon. Leur
témoignage est précieux, parce qu'il nous apprend que le

---

[1] « Interea illud etiam, quod Hildebrando Romanæ ecclesiæ archidiacone
referente didicimus, hic inserere operæ pretium judicamus. Nam cum adhuc
subdiaconatus duntaxat fungeretur officio, a Victore papa apocrisiarius ad
Gallias destinatus, synodum congregavit, » etc. Migne, t. CXLV, col. 133.

[2] « Venerabilis Gregorius papa,... sæpe mihi solitus est referre : Cum
essem, inquit, subdiaconus, et a beatæ memoriæ Victore hujus apostolicæ
sedis pontifice in Galliam pro ecclesiasticis negotiis discutiendis essem trans-
missus, » etc. — *Victoris III papæ dialogi*, dans Migne, t. CXLIX, col. 1013.

[3] « Post hæc in partes Galliarum directus (Hildebrandus), primam sane
odoris hujus fragrantiam Lugdunum, quæ prima sedes est Galliarum, synodali
discussione suscepit. Nam sicut papa Callistus narrare consuevit, prima con-
cilii die proclamatus est quidam pseudo-episcopus de simoniacæ pontificalis
culminis ascensione, » etc. — *De rebus gestis Gregorii septimi*, ch. XVI et XVII.
dans Muratori, t. III, p. 319.

[4] Page 26.

[5] T. VI, pp. 366 et 367.

[6] « Eodem tempore, cum symoniaca heresis totam Ytaliam et Burgundiam
occupasset, idem pontifex (Stephanus) misit de latere suo eumdem archidiaconum (Hildebrandum) cum quibusdam episcopis ad ultramontanas partes.
Cum autem ad Lugdunensem provinciam pervenissent, etc. Celebrata itaque
synodo et ecclesiasticis rebus rite compositis et ordinatis, legati ad Urbem cum
gaudio redierunt, sed dompnum *Stephanum papam*, unde contristati sunt
valde, invenerunt infirmum. » — Ms. latin 5150, fol. 122, et Muratori, t. III,
p. 300.

[7] *Bonizonis ad amicum liber*, dans Jaffé, *Monumenta Gregoriana*, p. 640.

[8] A la fin du 3ᵉ sermon sur la sainte Trinité.

[9] Muratori, t. IX, p. 121 et 122.

prélat accusé de simonie était l'archevêque d'Embrun[1], nommé Hugues[2].

Comme on le voit, il serait difficile, en présence de renseignements aussi contradictoires, de décider si Hildebrand fut envoyé en France par Victor II ou par Étienne X. Cependant le témoignage de Pierre Damien et celui de Didier, qui disent tenir le fait de Hildebrand lui-même, semble avoir plus de poids. Mais la présence de Hildebrand en France, au moment où Étienne X écrivait à l'archevêque de Reims, étant incontestable, il faut admettre ou bien que Hildebrand fut délégué par Étienne, ou bien encore, pour concilier les deux opinions, qu'il fut envoyé par Victor II, et que le concile et le retour de Hildebrand eurent lieu sous le pontificat de son successeur. Mais si l'on se rappelle qu'au moment de l'élection d'Étienne, Hildebrand était encore en Toscane, où il avait accompagné Victor, il faut écarter cette dernière opinion ; on pourrait ainsi attribuer à Étienne l'initiative de la convocation du concile. En arrivant à Rome, Hildebrand aurait trouvé le pape gravement malade, ce qui permet de supposer qu'il revint d'Allemagne et de France au mois de février ou au mois de mars, dans l'intervalle qui s'écoula entre le retour d'Etienne du Mont-Cassin et son départ pour Florence.

Étienne fut au Mont-Cassin jusqu'au 10 février 1058, puis il revint à Rome. Le 6 mars suivant, à la requête de saint Hugues, abbé de Cluni, il confirma les possessions et les priviléges de ce monastère[3]. Le lendemain, il ordonna prêtre Alfano, archevêque élu de Salerne, qu'il avait ramené avec lui du Mont-Cassin, et, le 8 mars, il lui donna la consécration archiépiscopale[4].

Ce fut à cette époque qu'il manda à Jean, prévôt du Mont-Cassin, de lui porter lui-même en secret et sans aucun retard

---

1 « Forte in eadem sinodo aderat Hebroniensis archiepiscopus, vir valde eloquentissimus. Hic, cum ab aliquibus de symoniaca heresi esset accusatus, sequenti nocte omnes accusatores pecunia fecit amicos. » — Bonizonis, etc., *loc. laud.*, p. 641. — « Cum archiepiscopus Eburdunensis simoniacus esset et omnes testes pecunia corrupisset, » etc. Jacques de Voragine, *loc. laud.* — « Hic (Hilbebrandus) ante papatum apostolicæ sedis legatus apud Lugdunum archiepiscopum Ebroniensem de simonia miraculose convicit. Ricobaldus Ferrariensis, *loc. laud.*

2 *Gallia christiana*, t. III, col. 106.

3 *Bullarium Cluniacense*, p. 15.

4 *Chronicon mon. Cas.*, dans Muratori, t. IV, p. 411, et dans Pertz, t. VII, p. 604.

tout ce que le trésor de l'abbaye renfermait d'or et d'argent, en lui promettant de le lui renvoyer bientôt avec des objets plus précieux. Selon la Chronique du Mont-Cassin, dont le témoignage pour tout ce qui regarde Étienne est digne de foi, le pape se proposait d'aller rejoindre en Toscane son frère Godefroi, de lui donner la couronne impériale, puis, de concert avec lui, de chasser de l'Italie les Normands qu'il détestait [1]; l'argent qu'il aurait retiré du trésor, lui eût servi à l'accomplissement de ses desseins.

Les religieux du Mont-Cassin furent contristés de la demande du pape, mais force leur était d'obéir. Ils prirent donc le chemin de Rome avec leur trésor. En le recevant, Étienne, d'après la Chronique, se mit à trembler et, apprenant que les religieux du Mont-Cassin ne lui obéissaient qu'avec douleur, il se repentit de leur avoir fait une pareille demande. Il ne voulut garder qu'une statue qu'il avait rapportée de Constantinople et permit ensuite aux religieux de s'en retourner au Mont-Cassin. Le prévôt et ses compagnons reprirent leur route, mais à peine étaient-ils à quelque distance de Rome qu'Étienne envoya un messager à Jean, lui ordonnant de revenir le trouver. C'était pour lui donner l'investiture de l'abbaye de Saint-Vincent, selon qu'il en avait été prié par le fils d'un certain Borel [2].

Étienne, d'une santé de plus en plus chancelante, et sentant que sa fin était proche, convoqua les cardinaux, les évêques, tout le clergé et le peuple de Rome [3] et, comme s'il eût prévu les compétitions qui s'élèveraient après sa mort, il défendit aux Romains, sous la menace d'excommunication, de lui choisir un successeur, dans le cas où il mourrait avant le retour de Hildebrand qu'il avait envoyé auprès de l'impératrice Agnès. « Je sais, leur dit-il, qu'après ma mort il surgira du milieu de « vous des hommes pleins de l'amour d'eux-mêmes, qui, au « mépris des décrets des Pères, usurperont le siége pontifical

---

[1] *Chronicon mon. Cas.*, dans Muratori., t. IV, p. 411, et dans Pertz, t. VII, p. 694. « Disponebat autem fratri suo duci Gotfrido apud Tusciam in colloquium jungi eique, ut ferebatur, imperialem coronam largiri ; demum vero ad Normannos Italia expellendos, qui maximo illi odio erant, una cum eo reverti. »

[2] *Ibid.*

[3] *Chronicon mon. Cas.*, dans Muratori, t. IV, p. 411; et dans Pertz, t. VII, p. 194. — *Bonizonis liber ad amicum*, dans Jaffé, *Monum. Gregor.*, t. II, p. 641. — Card. d'Aragon, dans Muratori, t. III, p. 300.

« avec le secours des laïques [1]. » Tous s'engagèrent par serment à exécuter la volonté du pape, en ne favorisant et en ne reconnaissant aucune élection contraire aux lois canoniques.

Peu de jours après, Étienne partit pour la Toscane. Léon d'Ostie dit, comme on l'a vu plus haut, que c'était pour faire couronner empereur son frère Godefroi et pour chasser ensuite les Normands d'Italie ; mais on ne voit pas qu'Étienne et Godefroi se soient même rencontrés [2]. Il essaya, pendant son voyage, d'avoir une entrevue avec saint Jean Gualbert, qui était alors au monastère de Vallombreuse. Le pape, arrivé à quelque distance de là, envoya à Jean des députés pour le prier de se présenter devant lui. Mais la mauvaise santé du saint ne lui permettait pas de se rendre auprès d'Étienne. Celui-ci persuadé que ce refus venait d'un excès de modestie et d'humilité, lui ordonna de se faire transporter en litière, s'il lui était impossible de faire autrement. Nouveau refus de Jean et retour des députés auprès du pape, qui n'insista pas davantage et renonça à troubler le repos du saint [3].

Étienne avait pour saint Hugues, abbé de Cluni, la plus profonde estime et la plus grande amitié. Il l'appréciait autant pour ses rares qualités que pour sa vertu. Après avoir eu avec lui à Rome plusieurs entretiens [4], il avait manifesté le désir d'être assisté par lui à ses derniers moments. Son vœu fut exaucé. Hugues vint à Florence auprès du pape malade et ne le quitta pas un instant. Quand Étienne eut rendu le dernier soupir, entouré d'un grand nombre de religieux, l'abbé de Cluni le lava de ses propres mains [5]. La mort d'Étienne arriva

---

[1] « Scio, fratres, quia post mortem meam exsurgent viri ex vobis, amantes « semetipsos, qui non per decreta sanctorum patrum, sed per laicas personas « hanc sedem arripient. » *Bonizonis liber ad amicum*, dans Jaffé, *Monum. Gregor.*, t. II, p. 641. — Ms. latin 5150, f. 122. —Card. d'Aragon, dans Muratori, t. III, p. 300.

[2] D'après les *Annales Romaines*, dans Pertz, t. V, p. 479, les Romains auraient enlevé par la violence le trésor qu'il avait rapporté de Constantinople. Alors Étienne irrité serait sorti de Rome pour aller trouver son frère et lui ordonner de tirer vengeance de ce méfait ; mais les Romains, redoutant la colère de Godefroi, auraient fait empoisonner le pape. Si Étienne avait réellement été empoisonné, les chroniqueurs n'auraient eu garde de passer ce fait sous silence.

[3] Baronius, *Annales ecclesiastici*, t. XVII, p. 110.

[4] *Bibliotheca Cluniacensis*, col. 451, *Vie de saint Hugues*.

[5] Voir les vies de saint Hugues, par un anonyme, *Bibliot. Cluniac.*, col. 451, par Hildebert, évêque du Mans, *ibid.*, col. 418, par Hugues, moine de Cluni.

le 29 mars 1058. On lui fit de magnifiques funérailles. Il fut enterré dans l'église Sainte-Réparate de Florence [1], auprès de saint Zénobius, évêque de cette ville. Son épitaphe, que l'on voyait autrefois dans l'appartement de Christine de Lorraine, grande-duchesse de Toscane, nous a été conservée par Placide Pucinelli [2], Pagi [3] et Papebrock [4]. Elle était conçue en ces termes :

D. O. M.

STEPHANO PAPÆ IX, OLIM JUNIANO FRIDERICO, GOZELONIS, LOTHARINGIÆ DUCIS FILIO, APOSTOLICÆ SEDIS CANCELLARIO, MONACHO ET ABBATI CASSINENSI, CARDINALI TIT. S. CHRYSOGONI, PONTIFICI OPTIMO, MAXIMO, PIO, FELICI, SANCTITATE ET MIRACULORUM GLORIA ILLUSTRI GOTIFRIDUS, HETRUSCORUM DUX, UT DEFUNCTO FRATRI, DOMI SUÆ ET INTER PROPRIOS AMPLEXUS QUOS POTEST CHARITATIS SUÆ VICES REPENDAT, NON SINE LACRIMIS PARENTAT. MONACHI ABBATIÆ FLORENTINÆ IN [5] ÆDIBUS AD DIVI JO. BAPTISTÆ EFFERUNT, ET JUXTA [6] SOLVUNT IV. KAL. APRILIS MLVIII.

Étienne avait occupé la chaire de Saint-Pierre sept mois et vingt-sept jours.

Les actes qui ont signalé le court pontificat d'Étienne X, mon-

---

ibid., col. 439, par Rainaud, abbé de Vézelay, puis archevêque de Lyon, dans Migne, t. CLIX, col. 896.

[1] Ciaconius, *Vitæ pontif. Roman.*, t. I, col. 811.

[2] « Stette il nostro Pietro colli suoi monaci assistente al felice transito di S. Stefano IX, sommo Pontefice, e l'accompagno alla tomba, e con pompa funebre appartata mente in questa nostra chiesa gli fece l'essequie, per esser monaco, et abbate di Monte Cassino. Fu sepellito contiguo alla tomba di S. Zenobi vescovo Fiorentino, dove l'anno 1357, fu trovata incorrotto ·cogli abiti pontificii. Si leggeva nell'appartamento di Christina di Lorena gran duchessa di Toscana questa memoria. » Placidus Pucinelli, *Chron. abbat. Florent.*, p. 17, cité par Gattula, t. I, p. 166. — Nous lisons dans Matteo Villano, *Istorie*, liv. VII : « Di questo mese d'Agosto (1357), cavandosi a lata all'altare di San Zanobi nella chiesa cattedrale di Firenze, per fare uno de gran pilastri per la chiesa nuova, vi si trovo uno munimento verso tramontana ; nel quale erano l'ossa di Papa Stefano nono, nato dit Lotteringia ; e cosi diceano le lettere sculpite nella sua sepultura. E in sul petto li si trovo il fermaglio Papale con pietre preziose, e collo stile dell'oro, e la mitria in capo, e l'anello in dito ; e raccolta ogni sua reliquia, si riservarono appo i Calonaci, per far gli altempo honore vale sepultura. » Muratori, t. XIV, p. 458.

[3] Pagi, *Critica historica*, t. IV, an. 1058, n° 2.

[4] Papebrock, *Conat. chron. hist.*, p. 192, n° 1.

[5] L. *ex.*

[6] L. *justa.*

trent que ce pape comprenait l'importance de sa mission et qu'il était résolu à l'accomplir par tous les moyens dont il pouvait disposer. Défenseur zélé des droits et des biens des églises et des monastères, il s'efforça de les sauvegarder contre les empiétements des seigneurs et des princes et, non content de les couvrir de sa protection, il les comblait de ses libéralités. Au Mont-Cassin, qui l'avait accueilli, alors qu'il était persécuté, et qui lui avait témoigné sa confiance en lui conférant les fonctions d'abbé, il fit des présents d'une magnificence vraiment royale. C'était une croix d'or, du poids de deux livres, enrichie de perles et de pierres précieuses, aux branches incrustées d'onyx et montée sur un pied d'argent doré pesant environ cinq livres; c'étaient quatre statues d'argent doré; une autre d'or, enrichie de pierres précieuses et d'émeraudes, renfermant une parcelle de la vraie croix; deux chandeliers de cristal et deux d'argent; un évangéliaire orné d'or et de pierreries; une lampe d'argent niellé, du poids de cinq livres; un plat d'argent pour le service du culte; une urne d'argent doré, avec des émaux; un antiphonaire et divers autres ornements [1]. A Saint-Lambert de Liége, où il avait été élevé, il envoyait, en témoignage de sa reconnaissance, une parcelle de la vraie croix, et à l'évêque Théoduin une chape [2]. Mais sa sévérité, comme sa bonté, ne connaissait pas de bornes, quand il s'agissait de poursuivre les abus. Il était sans pitié pour les clercs incontinents, qui déshonoraient leur ministère par leurs débauches et qui, pressés de revenir à une vie plus édifiante, refusaient d'expier leurs fautes par la pénitence. Les synodes qu'il convoqua à Rome, dans les premiers temps de son pontificat, eurent surtout pour but la réforme de la discipline. Il faut qu'il ait montré beaucoup

[1] *Chronicon mon. Cas.*, dans Muratori, t. IV, p. 412, et dans Pertz, t. VII, p. 695.

[2] « Quo denique commemorabimus ore illud iteratum misericordiæ donum quo Leodiensibus benedixit post hæc verus consolator et pater misericordiarum? Anno enim eodem noudum evoluto, die, qui est celeberrimus sanctæ crucis inventione, sanctos suos adductos in præparatione manus suæ, per idem lignum victoriosissimum dignatus est visitare. Siquidem Stephanus papa, qui est dictus Fredericus, vivificum Leodiensi urbi contulit beneficium... Cum piæ nutriculæ immensas actitaret gratias referre, non invenicus in quo illam magnificentius posset honorare, sanxit hanc gloriosam portionem prædicti ligni per Godefridum sancti Petri propositum dirigere. » Chapeauville, *Gesta pontificum Tungrensium, Trajectensium et Leodiensium*, t. II, p. 26. — Voyez Foullon, *Historia Leodiensis*, t. I, p. 238.

d'énergie pour avoir mérité sur ce point les éloges de Pierre Damien[1], ce rigide censeur des vices de son temps; il faut aussi qu'ajoutant l'exemple au précepte, il ait donné le spectacle de grandes vertus, car, presque aussitôt après sa mort, il fut regardé comme un saint et passa pour avoir le don des miracles [2].

S'il est vrai, comme il a été dit plus haut, qu'Étienne ait été réellement le premier pape qui ait engagé la lutte au sujet des investitures, il est juste de lui faire la part qui lui revient dans cette célèbre querelle et de placer dans l'histoire son nom à côté de ceux qui y furent engagés. Un pontificat plus long lui aurait très-probablement permis de résoudre la question. Pour quiconque a étudié les phases du conflit entre Godefroi, frère d'Étienne, et l'empereur Henri III, il n'est pas douteux que le duc de Lorraine ne cherchât à s'emparer de la couronne d'Allemagne. Devenu plus tard duc de Toscane, il avait vu ses chances de succès augmenter avec sa puissance. Le concours d'Étienne, qui n'avait pas eu à se louer des procédés de Henri III à son égard, lui était assuré; le témoignage de Léon d'Ostie, le chroniqueur du Mont-Cassin, si sûr pour tout ce qui touche Étienne, est formel sur ce point. Le succès de Godefroi eût changé la face des choses. Par reconnaissance pour Rome, qui lui eût donné la couronne impériale, il fût devenu le défenseur de l'Église, et alors la querelle des investitures était, sinon pour toujours étouffée dans son germe, du moins ajournée pour longtemps.

[1] Pierre Damien avait été créé cardinal évêque d'Ostie par Étienne X, en récompense des services rendus à la cause de l'Église. (Voy. à ce sujet et sur les autres promotions de cardinaux faites par Étienne, Ciaconius, t. I, col. 813 sqq.

[2] « Piæ memoriæ Stephanus papa, qui et Fridericus, cum in civitate Florentia moraretur, IV kalendas aprilis naturæ debitum solvit, et vere, ut speramus, de hac convalle lacrimarum ad gaudium t insiit angelorum. Indicio sunt signa et prodigia, quibus sepulchrum ejus in eadem civitate usque hodie divinitus illustratur. » *Lamberti Hersfeldensis annales*, dans Pertz, t. V, p. 159. — « Obiit quoque Stephanus MLVIII, et sepultus est apud Lucensem urbem, ubi multæ, Deo cooperante, fiunt ad ejus tumulum virtutes. » Hugues de Flavigny, *Chronique de Verdun*, dans Labbe, *Biblioth. Mss.*, t. I, p. 192. — « Ad ejus sacratissimum corpus, meritis ejus intervenientibus, plurima Christus signa ostendit. » *Chronicon mon. Cas.*, dans Muratori, t. IV, p. 411, et dans Pertz, t. VI, p. 694.

Le Mans. — Typographie Ed. Monnoyer, place des Jacobins.